可愛くなっても、いいですか？

♯クボメイク

久保雄司

#KUBO MAKE

PROFILE

久保雄司

YUJI KUBO

ヘア&メイクアップアーティスト。自身の Instagram [@kup000] に「#クボメイク」というハッシュタグで作品を UP している。雑誌や Web、イベント、TV でヘアメイクをやりながら青山のヘアサロンでクリエイティブディレクターとして活動する美容師。

はじめに

はじめまして、久保雄司です。日々、美容師をしながら、ヘアメイクのお仕事もしています。

僕がメイクを始めたきっかけは、ヘアスタイルだけではなく、
メイクからも自分が思う女性像を表現したかったからです。
自分が「可愛い」と思うことをInstagramなどに載せていたら
いつの間にかたくさんの人が見てくれて、本当に嬉しく思っています！

クボメイクとは、ズバリ、楽しむことです☆
ファッションやヘアと同じようにメイクを楽しんでみてはいかがでしょうか？
この1冊には、僕の今の「可愛い」をたくさんつめ込みました。
この本を読むことで、何かのきっかけづくりになったら嬉しく思います。
「こういうやり方もあるんだな♪」「明日はこうしてみようかな♪」とか
感じていただけたら、すごく嬉しいです。

昨日より今日、今日より明日がもっと楽しくなりますように☺

CONTENTS

- 2 INTRODUCTION
- 12 PROFILE
- 13 はじめに

- 15 **CHAPTER 1 #生メイク**
- 28 KUBO's DIARY

- 29 **CHAPTER 2 パーツで楽しむ#クボメイク**
- 38 KUBO Collection 01

- 40 **CHAPTER 3 すっぴんからの#クボメイク**
- 64 メイクボックスの中身、初公開！
- 66 KUBO Collection 02
- 68 人気クボメイク♡

- 69 **CHAPTER 4 1ブランドでつくる#クボメイク**

- 80 **CHAPTER 5 #クボヘア**
- 96 KUBO Collection 03
- 98 BACKSTAGE SMILE SHOTS

- 100 **CHAPTER 6 100の質問に、お答えします！**
- 108 おわりに

CHAPTER 1

透明感あるね、って絶対に言われる

#生メイク

#生メイクは、僕が考える究極のナチュラルメイクです。たとえば、お風呂からあがってほてったりとか、テレて赤くなったりとか、そういう、日常で起こりそうな感じをメイクで出したくて、考えました。ポイントは、「透明感のあるベースづくり」「にじむようなカラーメイク」「黒を使わない形づくり」の3つ。主張するところをあえてつくらないことで、「なぜだか分からないけど、すごく可愛い」と思われたら、サイコーです♡

生メイク
NAMA MAKE STYLE #01

A
BASE
ツヤを出したい部分を中心に1の下地を塗ってから、2のリキッドファンデーションを全体に塗ります。ツヤと透明感がUP！

1.ラトゥー エクラ ファンデーション プライマー 01 SPF18・PA+ 30ml ¥4000／ポール & ジョー ボーテ 2.スキンケア ファンデーション 全5色 SPF30・PA+++ 30ml ¥4500／アディクション ビューティ

B
EYEBROW
髪色よりも暗めの茶色で描きます。その後、ブラシで下段中央のレッドのパウダーをとって、眉全体にふわっとのせると柔らかい印象に。

アイブロウ クリエイティブパレット ¥4200／イプサ

C
EYE SHADOW
左の淡い色をアイホール全体と下まぶたの目尻に塗ります。右の濃い茶色は、締め色として、アイラインを引くように細めにオン。

デュオアイシャドー 3902 ¥4200／NARS JAPAN

D
EYELASH
「黒を使わない」が生メイクの定義なので、マスカラも茶色。下まぶたの目尻のシャドウを邪魔しないよう、塗るのは上まつ毛だけ。

ボリューム エクスプレス ラッシュセンセーショナル 02 ¥1600／メイベリン ニューヨーク

E
CHEEK
頬の中央、やや高めの位置にチークを入れます。ほんの少しずつ肌にのせて、ぼかしながら、だんだん広げるとにじんだ色づきに♪

rms beauty リップチーク スマイル ¥4800／アルファネット

F
LIP
リップをシャカシャカ振ってから、スポンジを唇に直接あてて、唇全体にポンポン♪ これ一つでジューシーリップに♡

ジューシー シェイカー 301 ¥3000／ランコム

G
HIGHLIGHT
メイクの仕上げに、点線部分に、ハイライトをのせます。ルミナイザーは、濡れたような質感になるツヤ肌のマストアイテムです！

rms beauty ルミナイザー ¥4900／アルファネット

#TSUYA NAMA MAKE

あ・え・て・の
アイラインなし!

NAMA MAKE STYLE #02

引き算生メイク

あえてアイラインを引かないことで、抜け感を出しました。その代わりに、アイシャドウで目まわりを囲って、目元の存在感をUPさせています。

CH. 1 / 018 #KUBO MAKE

生 メイク

NAMA MAKE STYLE #02

Ⓐ BASE

1のコントロールカラーで血色感をUP。2のリキッドファンデを塗った後、目周りのくすみは3のコンシーラーでオフします。

1.コントロールベイス ピンク SPF20・PA++ 20g ¥2800／イプサ　2.スキンケア ファンデーション 全5色 SPF30・PA+++ 30㎖ ¥4500／アディクション ビューティ　3. ディオール フィックス イット 001 ¥4200／パルファン・クリスチャン・ディオール

Ⓑ EYEBROW

引き算してアイラインをなくす分、眉毛はツヤっぽく仕上げて、存在感をちょっぴり出してあげて（P36の「#濡れまゆ」参照）。

アイブロウ マニキュア ティアドロップ 00 ¥2800／アディクション ビューティ

Ⓒ EYE SHADOW

アイホール全体（C1）に1をオン。中心から丸さを出すように、ブラシを5往復。目尻の涙袋（C2）には、2をうっすらのせる。

1.デュアルインテンシティアイシャドー 1941 ¥3000／NARS JAPAN　2.チーキーシークブラッシュ 07 ¥3000／THREE

Ⓓ CHEEK

チークブラシに1をとり、イラストのD1の部分に、ふわっとなじませる。その上から、D1よりも高め、D2の部分に、2を重ねる。

1.シアトーン ブラッシュ ピーチツイスト ¥3200／M·A·C　2.ブラッシュ 24 ¥2800／アディクション ビューティ

Ⓔ LIP

唇全体に直塗り。塗る前に、リップクリームで保湿をしておくと、よりなじみが良くなります！

キッカ メスメリック リップスティック 06 ¥3800／カネボウ化粧品

#HIKIZAN NAMA MAKE

生メイク
NAMA MAKE STYLE #03

Ⓐ BASE

これ一本で、肌全体の透明感と明るさをUPしてくれる、ピンクベージュのCCクリーム。肌なじみも良く、プチプラなのに優秀です。

ケイト スノースキンCCベース EX-1 SPF35・PA++ 25g ¥1200／カネボウ化粧品

Ⓑ EYEBROW

一番上の濃い茶色で眉を描く。眉頭はあまり濃く描かないほうが、抜け感が出ます！ 仕上げにカシス色を全体的にのせて。

ヴィセ リシェ カラーリング アイブロウパウダー BR-2 ¥1200（編集部調べ）／コーセー

Ⓒ EYE SHADOW

シャドウはアイホールに指塗り。指にシャドウをとり、一度手の甲で余分な量を落としてから塗ります。滑らせるようになじませて。

プリズム クリームアイカラー 005 ¥800／リンメル

Ⓓ EYELINER

上まぶたを引っ張り、まつ毛の隙間を埋めるようにしながら、ラインを引く。目尻のラインは、跳ね上げず、スッと自然に流して。

ラブ・ライナーリキッド ノーブルブラウン ¥1600／msh

Ⓔ CHEEK

チークを指にとって、手の甲で軽く落としてから頬につけます。少しずつ頬にのせて、点線部分に広げて、なじませましょう。

ヴィセ リシェ リップ＆チーク クリーム PK-7 ¥1000（編集部調べ）／コーセー

Ⓕ LIP

チップで輪郭をそーっと縁取ったあと、縦に動かしながら塗ります。顔がパッと明るくなるオレンジっぽいレッド。可愛い色です。

キャンメイク リップティントシロップ 04 SPF15・PA+ ¥650／井田ラボラトリーズ

#PUCHIPURA NAMA MAKE

生メイク
NAMA MAKE STYLE #01

A
BASE
自然だけど、大人なツヤが手に入るバーバリーの下地を顔全体に。更に、ツヤとカバー力どちらも叶えるランコムのクッションファンデで上質肌をゲットできます。

1.フレッシュグロウ ルミナスフルイドベース 01 30ml ¥5400／バーバリー　2.ブラン エクスペール クッションコンパクト 50 全5色 SPF50+・PA+++ レフィル ¥5200、ケース ¥1300／ランコム

B
EYEBROW
1の一番濃い茶色できりっとめに描きます。仕上げに、2で全体をとかして。口元をマットにする分、眉毛はツヤをプラス。

1.アイブロウ クリエイティブパレット ¥4200／イプサ　2.アイブロウ マニキュア ティアドロップ ¥2800／アディクション ビューティ

C
EYE SHADOW
左上をアイホール全体に、左下をまぶたの中央を空けてアイホールに塗る。右上でキワを締める。右下をまぶたの中央にオン。

4Dプラスアイパレット 08 ¥6200／THREE

D
EYELINER
キラッと輝くカッパーゴールドのリキッドアイライナー。大人っぽさをプラスできます★　目頭から目尻まで自然に引きます。

RMK インジニアス リクイドアイライナー EX03 ¥2800／RMK Division

E
EYELASH
マスカラはブラウン。上下のまつ毛にたっぷり塗ります。このマスカラは、メイクを始めた頃から、かなり使ってる愛用アイテム。

ボリューム エクスプレス ラッシュセンセーショナル 02 ¥1600／メイベリン ニューヨーク

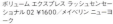

F
CHEEK
右のオレンジっぽい色を、イラストの実線部分に塗ります。その上から、点線部分に左のピンクをふわっとぼかすように重ねて♪

RMK クリーミィ シアー パウダーチークス 02 ¥4000／RMK Division

G
LIP
リキッドタイプのリップで、仕上がりはマット★　血色感がUPします。全体的に大人っぽさを引き出す、決め手のアイテム！

レトロ マット リキッド リップカラー バック イン ヴォーグ ¥3600／M・A・C

#OTONA NAMA MAKE

A

BASE

コントロールカラーは、明るくみせたい顔の中心部分に。抜群のツヤが手に入るRMKのファンデを顔の全体に塗れば、ピンクメイクを一層ひきたててくれます!

1.RMK ベーシック コントロールカラー 01 SPF20・PA++ 10g ¥2000 2.RMK ジェルクリーミィファンデーション 全7色 SPF24・PA++ 30g ¥5000／RMK Division

B

EYEBROW

暖色のワントーンメイクだから、眉毛にも赤茶色をオン! 一番下の色でベースをつくり、上から一番上の茶色をのせて仕上げます。

ヴィセ リシェ カラーリング アイブロウ パウダー BR-2 ¥1200（編集部調べ）／コーセー

C

EYE SHADOW

1をアイホール全体に塗ってから、2をオン。3は目尻から中央に向かってグラデ塗り。縦のグラデじゃなく、横のグラデにするのが、丸みを出すコツ!

1.キッカ ニュアンスカラーリッド 02 ¥2800／カネボウ化粧品 2.RMK インジーニアス パウダーアイズ N 16 ¥2200／RMK Division 3.プレスド アイシャドー（レフィル）M 165 ¥2000、カスタムケース I ¥500／シュウ ウエムラ

生メイク

NAMA MAKE STYLE #05

D

EYELASH

マスカラは茶色。根元からしっかり塗って、ボリュームUP。素肌感を残したいから、塗りすぎやダマには注意しましょう。

ボリューム エクスプレス ラッシュセンセーショナル 02 ¥1600／メイベリン ニューヨーク

E

CHEEK

血色に近い、コーラルレッドのチーク。チークブラシにとって、一度手の甲でなじませてから、頬の高い位置にのせます。

シマーブラッシュ 03 ¥3700／ボビイ ブラウン

F

LIP

1の赤みリップを唇全体に塗り、2のグロスをリップの山（点線）を縁取るように塗ります。上から青みを重ねることで透明感がUP!

1.クリニーク ポップ シアー 03 ¥3200／クリニーク 2.RMK リップジェリーグロス 03 ¥2200／RMK Division

#MOMOIRO NAMA MAKE

Coolな可愛さ
めしあがれ♪

NAMA MAKE STYLE #06

おあそび生メイク

「青が似合わない」という方でも取り入れやすい寒色系のメイク。青は肌色となじみにくいので、ポンッ！と、ラインぽく効かせてあげて。

生メイク
NAMA MAKE STYLE #06

Ⓐ BASE

1のピンクベースのコントロールカラーは血色感が欲しい頬にのせて。その上から2で顔全体にツヤをプラスすれば、寒色メイクにも相性抜群の肌になれます★

1.コントロールベイス ピンク SPF20・PA++ 20g ¥2800／イプサ　2.スノー ブルーム パーフェクト クッション SPF50・PA+++ 全3色 コンプリート [15g×2] ¥8500／パルファン・クリスチャン・ディオール

Ⓑ EYEBROW

一番上の濃い茶色でいったん仕上げてから、カーキを全体に。外国人ぽさが出て、まぶたのブルーとの相性もGOOD！

ヴィセ リシェ カラーリング アイブロウ パウダー BR-3 ¥1200（編集部調べ）／コーセー

Ⓒ EYE SHADOW

1のペールブルーのシャドウをアイホール（C1）に塗る。2を、中心から目尻に向かって、アイライン的に（C2）にのせます。

1.RMK インジーニアス パウダーアイズ N 13 ¥2200／RMK Division　2.ドローイング クレヨン S グリーン ¥2800（限定）／シュウ ウエムラ

Ⓓ EYELINER

アイラインはラブ・ライナーのブラウンで細めに入れます。ラブ・ライナーは筆が描きやすくて、失敗しにくいのでオススメです！

ラブ・ライナーリキッド ノーブルブラウン ¥1600／msh

Ⓔ CHEEK

左のシャーベットピンクをチークブラシにとり、イラストの点線にのせます。赤みが足りないときは、右のカラーを混ぜてみてもOK。

デュアルインテンシティーブラッシュ 5503 ¥4600／NARS JAPAN

Ⓕ LIP

リップクリームで保湿してから、全体的にグロスをオン。唇がぷくっとして見える成分が配合されているから、きちんと存在感が出ます。

ディオール アディクトグロス 686 ¥3400／パルファン・クリスチャン・ディオール

#OASOBI NAMA MAKE

027

KUBO's DIARY

DAY 1
TESTING

リップを手の甲に出して試しているところ。テクスチャーの透明感や、ラメの大きさも細かくチェック。

KUBO's DIARY

DAY 2
MAKING

自分で撮影した写真をMacで編集中。最近は、フォトグラファーとしての仕事を頼まれることも……。

KUBO's DIARY

DAY 3
TALKING

雑誌の編集者とメイク特集の打ち合わせ。紙に描いたカラーマップを見ながらアイデアを出し合います。

CHAPTER 2

1ヵ所でも、ずるいくらい可愛くなれる♥

パーツで楽しむ#クボメイク

ここからは、僕が考えた、#ちゅリップや、#ぷくラインのようなパーツメイクをご紹介します。Instagramなどで発信して、たくさんWebにまとめていただいたので、これがきっかけで僕のことを知ってくださった方もいるかもしれません。でも、流行らせようと思ってやっていたわけではなく、単純に、可愛いなと思うものに、名前をつけたかっただけ(笑)。ゆっくりメイクをする時間がないときにでも、思い出してもらえたら嬉しいです☺

for **LIP**

ちゅリップ

【ちゅリップ】 1

CHULIP

CHU♥をおねだりするときのような、ぷくっとした可愛らしいリップ。唇の内側や、下唇にのみ濃い色を塗ることで、奥行きをつくり、立体感を出す。唇に光やツヤをのせるだけじゃなくて、「影をプラスする」という発想で生まれたメイク。

How to

_STEP 1

リップペンシルで
唇の内側を赤く染める

上唇と下唇の内側を、縦にコチョコチョなぞるように塗る。

リファインドコントロール リップペンシル 06 ¥2500／THREE

_STEP 2

ややオーバー気味に
グロスを塗る

ペンシルで描いた上からグロスを重ねて。唇の縁もしっかりと。

キャンメイク リップティントシロップ 04 SPF15・PA+ ¥650／井田ラボラトリーズ

OTHER VERSION

2色♡ #ちゅリップ

01
02

USE IT!
USE IT!
01　02

撮影で急に思いついて、試しにやってみたのがきっかけ。実はこれが#ちゅリップの原形です。上唇にピンクのグロスを塗って、下唇に赤を塗ると、立体感が出ますよ〜。

01　キャンメイク リップティントシロップ 01 SPF15・PA+ ¥650／井田ラボラトリーズ
02　同 02 SPF15・PA+ ¥650／井田ラボラトリーズ

#CHULIP

for **EYE**

ぷくライン

【ぷくライン】 [2]

PUKU LINE

下まぶたにピンクをのせ、ぷくっとさせるアイメイク。「ファッション誌に出てくる外国人風の目元をメイクでつくりたい」という思いから誕生した。目をこすって赤くなっちゃった、くらいのナチュラルなピンクにメイクするのが理想的。

How to

 _STEP **1**

下まぶたにピンクの ラメシャドウを塗る

ブラシにシャドウを少量とり、下まぶたにうっすらとのせて。

ザ アイシャドウ 99 ¥2000／アディクションビューティ

 _STEP **2**

目尻だけにシャドウを ほんのりプラス

目尻のみに同じシャドウを重ねる。主張しすぎない程度で♥

OTHER VERSION

#ぷくライン（ツヤver.）

USE IT!

リップクレヨンを使うと、パウダーに比べて濡れたような仕上がりだから、うるっとした目元になります★　涙袋にリップクレヨンを塗って、スポンジでぼかせば完成。

RMK リップクレヨン 01 ¥2200／RMK Division

#PUKU LINE

for **SKIN**

ぴち肌

【ぴち肌】 3

PICHIHADA

#ちゅリップ、#ぷくラインに次いで名付けたメイク法。その名のとおり、ぴちぴちとした、ツヤ感のある肌。「家で顔を洗ったあとのようなツヤ感をメイクでつくる」のが目的。ファンデはリキッドを使用。

How to

_STEP 1

目頭に、指の腹で
ハイライトをオン

指の腹で右のハイライトをとり、
目頭に、メイクの上からのせる。

rms beauty ルミナイザー ¥4900／アルフ
ァネット

_STEP 2

骨のある高いところにも
指でポンポンおく

頬骨や鼻筋、口元にもハイライト
を。こすらず優しくオン。

他にもこんなアイテムでできます!!

上品パールな
2色ハイライト

パールが入ったクリーミィなテクスチャー。右はハイライトとして、左は血色が溶け込み、チークとしても使える。シマリング グローデュオ 01 ¥4500／THREE

携帯にも便利な
ツヤ足しスティック

ほんのりピンク色で、肌なじみ抜群。メイクの上からプラスすれば、内側から発光するようなシャイニースキンに。RMK グロースティック ¥2000／RMK Division

#PICHIHADA

Let's KUBO MAKE♡

for **EYEBROW**

濡れまゆ

【濡れまゆ】　[4]

NUREMAYU

「パーツのトレンドがだんだん上がってきている」という独自の視点から誕生したNEXTメイク。髪色よりも暗めのアイブロウパウダーで眉を描いてから、透明のマスカラで毛を立たせる。眉に存在感が出て、今っぽい雰囲気に。

How to

_STEP 1

アイブロウブラシで
毛流れをととのえる

眉毛を描いた後、アイブロウブラシで毛流れに沿ってとかす。

_STEP 2

アイブロウマスカラで
眉毛にツヤをプラス

ツヤのある透明のアイブロウマスカラを眉毛全体に塗る。

アイブロウ マニキュア ティアドロップ ¥2800／アディクション ビューティ

#NUREMAYU

OTHER VERSION

#濡れまゆ（太ver.）

USE IT!

地眉が細い人や、薄い人は、まつ毛用の茶色いマスカラで眉毛をボリュームUP！　眉を描いた後、毛流れに沿って塗るだけで、一本一本がしっかりした自然な太眉になります。

ボリューム エクスプレス ラッシュセンセーショナル 02 ¥1600／メイベリン ニューヨーク

CHAPTER 3

可愛いのヒミツ、ぜんぶ見せます！

すっぴんからの#クボメイク

ここからは、僕が普段撮影でやっている、スキンケアからメイク完成までのプロセスです。メイクをするときに心がけているのは、「やりすぎない」こと。一番大切なのは、楽しむこと！僕にとって、メイクは塗り絵と同じ感覚なんです。「今日はどんな色を使おうかな？」と、いつもワクワクした気持ちでメイクしています！

BASE

〝肌質〟は、きちんと残して。
「隠しすぎない」ほうが、魅力的!

ベースづくりは、メイク前のスキンケアがとっても大切。スキンケアの間は、スチームでお肌をしっかりあたためながら、たっぷり保湿します。ファンデーションは、ツヤっぽい肌に仕上げることが多いのでリキッドを使うことが多いです。ファンデを選ぶとき、カバー力も大切ですが、「隠しすぎない」ことも重要なんじゃないかなって思います。「しっかり塗ってます感」のない素肌っぽさを大切にしています。

LET'S #KUBO MAKE

1 to 4

ミスーツ
気持ちぃぃ〜♡
スチーマーの前でスキンケアします！

STEP 1

スチーマーの前で
スキンケアSTART！

メイクをする前は、必ずスチーマーであたためながらスキンケアをします。肌が柔らかくなるし、すごく潤うので、欠かせません。

ぎゅーっ！

STEP 2

保湿力のある化粧水を
肌にたっぷり含ませる

化粧水は、保湿力が肝心。さらっとしながらも、しっかり潤う化粧水を、蒸気で柔らかくなった肌に、染み込ませます。

リポソーム トリートメント リキッド 170㎖
¥10000／コスメデコルテ

コットンパック

STEP 3

魅力的な目元のために
アイケアもしっかり

じわ〜んとリラックス効果のあるアイローション。コットンに含ませて、1分くらいおきます。疲れた目元もイキイキします。

バランシング トリートメント アイローション
97㎖ ¥7000／THREE

じゅわ〜ん♡

STEP 4

乳液はツヤ肌づくりの
重要な味方です！

ツヤ肌に仕上げるときは、肌に潤いとツヤを与えてくれる乳液が欠かせません。手のひらで優しく、ぎゅっと、なじませて。

インプレス IC リファイニングエマルジョン Ⅱ
125㎖ ¥5000／カネボウ化粧品

FROM KUBO

スキンケアは香りも大切。いい香りだとモデルさんも喜んでくれて、表情がほぐれます。

次は
ベースメイク♡

BASE

点置き

_STEP 5
透明感の出る下地を顔の中央に点置きする

下地は、真珠玉1コ分を手にとり顔の中央に点置きします。頰の辺りはもちろん、くすみやすいまぶたや、赤みが出やすいおでこにもオン。

ラトゥー エクラ ファンデーション プライマー 01 SPF18・PA+ 30㎖ ¥4000／ポール & ジョー ボーテ

ついでにリフトアップ

_STEP 6
下から上に向かって引き上げるように塗る

点置きした下地を、外側に向かってなじませます。重要なのは、のばし方！ 必ず、下から上へ、リフトUPするようにのばして。

筆で"描き足し"ェ〜

_STEP 7
コンシーラーは気になる部分だけ

コンシーラーは、気になる部分に最低限使用。ほうれい線には垂直な線を描いてから、なじませます。僕は、細めの筆を使ってます！

シークレットコンシーラー 2 ¥2600／ローラ メルシエ

トントントン…

_STEP 8
スポンジで叩くようにしっかりなじませる

筆で描いた線を、スポンジで、上から優しく叩き込みます。「塗ってます感」が出ないように、しっかりと、なじませましょう。

FROM KUBO

ニキビとか赤みのカバーも最低限でいいと思います。気にしすぎないでポジティブに考えて！

#KUBO MAKE

LET'S #KUBO MAKE　　　　　　　　　　　　5 to 12

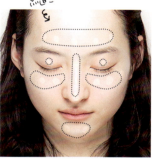

またまた点置きを

_STEP

ファンデも真殊粒大を顔の中央に点置き

カバー力がありながらも、隠しすぎず、透明感とツヤが増すアディクションのリキッドファンデ。下地と同様、顔中央に点置きで。

スキンケア ファンデーション全5色 SPF30・PA+++ 30㎖ ¥4500／アディクションビューティ

アゲ♡

_STEP

ツヤ肌になれ〜！念じながらのばして

ツヤ肌になれ〜、透明感UP〜と念じながら、下から上へなじませます。もみあげや、こめかみ、首との境界線などの塗り残しに注意！

余分な粉は払って

_STEP

フェイスパウダーの量を手の甲で調整する

大きめのフェイスブラシに、フェイスパウダーをとります。手の甲でブラシをポンポンと動かして、余分な粉を落としましょう。

アルティメイト ダイアフェネス ルース パウダー（カラーレス）¥5000／THREE

フワフワ〜

_STEP

顔全体にパウダーをふわっとのせる

皮脂が出やすい、おでこや鼻のまわりなどにパウダーをのせます。クリーム系のチークやシャドウを使うときは、やや少なめに。

FROM KUBO

ツヤ出しハイライトを使うときは、その部分を控えめにパウダーをのせてます★（P35参照）

/045

リキッドファンデ LOVE ♥ です

＼素肌っぽさ No.1はコレ！／

＼潤いとハリが 欲しいアナタに／

＼カバー力あり！ でも自然です／

01 フローレスエシリアル フルイド ファンデーション 全7色 SPF36・PA+++ 30mℓ ¥5000／THREE
02 コンプリートハーモニーファンデーション 全7色 SPF35・PA+++ 28g ¥6500／THREE
03 RMK クリーミィファンデーション N 全7色 SPF28・PA++ 30g ¥5000／RMK Division

FROM KUBO

わざとらしくならない、素肌感っぽく見えるナチュラルなファンデが好きです！

EYEBROW

眉毛は、角をつくりたくない。
だから、いつもパウダーで描きます

眉毛を描くときも、"描いてる感"が出ないように意識しています。直線的な角をつくらなかったり、アイブロウパウダーを使うことで、ナチュラルに仕上げるようにしています。カラーは、髪の毛よりも、暗い色で眉をつくるのがクボメイク流☆

LET'S #KUBO MAKE

1 to 4

_STEP
①

**ブラシにとった粉を
調節してから描く**

パレットの右下のパウダーをブラシ
にとり、手の甲で、余分な粉を落と
す。直接描くと、「いかにも
描いてます」な眉になりがち。

USE!

アイブロウ クリエイティブパレット
¥4200／イプサ

_STEP
②

**眉毛は、中央から
描きはじめましょー！**

眉毛を描くときは、眉の中央部分
からスタート。毛を一本一本描く
イメージで、眉毛と眉毛の間の隙
間を埋めるようにして描く。

_STEP
③

**理想的な眉尻で
横顔も可愛く！**

眉尻は、小鼻のワキと目尻を線
で結んだ延長線上にくるのが理
想。眉山から、そのポイントに向
かって、スーッとのばす。

_STEP
④

**眉頭はふわっと！
強くならないよう注意**

眉頭を強くしてしまうと、どうして
も、そこに目がいってしまいます。
だから、僕は、ふわっとパウダー
をのせる程度にしています。

FROM KUBO

仕上げにピンクのパウダーを眉全体にのせると、顔全体が柔らかい印象に！

/049

EYE

アイメイクで大切にしているのは「透明感を出す」ことです。

アイメイクは、一番難しいけど、一番楽しい！ アイメイクで大切にしているのは、目の形をキレイに見せることや、目元の透明感。スッとなじむリキッドアイライナーや、肌の透明感をUPしてくれるアイシャドウを使って魅力を引き出します。どこかのイメージが強くなりすぎないように、バランスを大切にしています。強めのカラコンは控えめに（笑）。

LET'S #KUBO MAKE

1 to 6

_STEP
①

ブラシを5往復させて
アイシャドウをオン

ブラシにアイシャドウを含ませて、余分な粉を手の甲で落とす。そのブラシで、まぶたを5往復ほどスライドさせる。

ザ アイシャドウ 31 ¥2000／アディクション ビューティ

_STEP
②

アイシャドウの境目を
指でなじませる

ブラシで塗ったアイシャドウと、肌の境目を指でぼかす。にじんだような色づきにするために、この一手間が大事です。

_STEP
③

目のキワに暗めの
ブラウンを塗る

目のキワに、暗め＆濃いめのブラウンをアイライン的にのせます。このシャドウは、赤っぽい茶色だから肌なじみもとってもいい！

ザ アイシャドウ 85 ¥2000／アディクション ビューティ

_STEP
④

まぶたのキワに
アイラインを引く

まぶたを引っ張りながら、上まぶたのキワに、アイラインを引きます。目尻のラインは、ハネ上げず、スーッと流して描きます。

ラブ・ライナーリキッド ノーブルブラウン ¥1600／msh

_STEP
⑤

ホットビューラーで
まつ毛を自然にカール

まつ毛を自然にカールさせたいときは、やっぱり温熱タイプのアイラッシュカーラー。根元からくるんと立ち上がります。

まつげくるん（セパレートコーム）EH-SE50 ¥2838（編集部調べ）／パナソニック

_STEP
⑥

塗りすぎ注意！
一本一本を、太く長く

マスカラはクボメイクではブラウンが多め☆　ダマをつくらないよう、一本一本を太く長くする感じで、丁寧に塗布。

ボリューム エクスプレス ラッシュセンセーショナル 02 ¥1600／メイベリン ニューヨーク

目元全体の透明感を出すために、下まぶたには、アイラインも引かず、マスカラも塗りません！

CHEEK

チークは高め&狭め&薄め。
だんだんと広げるのがポイント

チークを塗るときのポイントは「位置」と「量」。位置は、僕の場合は一般的なやり方と比べると、"高め"、"狭め"だと思います。ちなみに、量も"少なめ"です。ちょっとの量を、狭くのせて、ぼかしながら広げるようにしています。以前はチークをしっかりつけるのが主流でしたけど、ここ最近は、かなり薄めにのせることのほうが多いです。「今日はチークなしでもいいかな？」っていうときは、血色感のみ、という選択もアリだと思います！

LET'S #KUBO MAKE

パウダー
チークの場合

_STEP **1**

ブラシに少量とって
狭めにのせます

右のオレンジをブラシにとります。手の甲で余分な粉を落としてから、頬にのせます。最初は狭めに、だんだん広げて。

RMK クリーミィ シアー パウダーチークス 03 ¥4000／RMK Division

ふわっ

重ね塗り〜♪

_STEP **2**

ハイライト的に
上から黄ラメを重ねる

ブラシに左のイエローをとり、1で塗った部分よりも、少し高い位置に重ね塗り。黄ラメは、肌なじみが良くて、使いやすい！

練り
チークの場合

ペタペタ

_STEP **1**

少量を指の腹にとって
頬に狭めにのせる

練り系のチークは、指の腹を使ってのせます。パウダーと同様、少量を、狭めにのせて、だんだん広げるのがコツです。

rms beauty リップチーク スマイル ¥4800／アルファネット

境界線は
ぼかす！

_STEP **2**

チークと肌の境界線を
さらに、ぼかし込む

「チーク、ここに塗ってます！」という感じにならないよう、チークを塗った部分の境界線を、指でぼかし、より自然に仕上げます。

FROM KUBO

パウダーチークと練りチークでは、塗る部分の形を変えています。パウダーはしずく形、練りはグミ形です。

＃クボ推しチークで自然な血色

ジューシーな
メロンチーク

コーラルピンクで
ハッピー感を

ほてったような
上気顔に変身♡

01　02　03

透明感が出る
うぶピンク

あずき色で
大人可愛く

04　05

01　クリニーク チーク ポップ 08 ¥3000／クリニーク

02　ミネラルクリーミーチーク 07 ¥3300／MiMC

03　チークポリッシュ 04 ¥2800／アディクション ビューティ

04　RMK カラーパフォーマンスチークス 02 ¥4500／RMK Division

05　チーキーシーク ブラッシュ 05 ¥3000／THREE

いかにもチーク塗りました！ってならない、自然な血色感が理想です♪

LIP

塗りたてホヤホヤの完璧唇よりも
少し落ちたかも、くらいが魅力的

リアリティがある自然な色づきがリップの理想形。つけたてのリップは主張が強すぎて、「塗ってるね」「塗り直したばかりかな？」って、目がいきがちです。だから、色がハッキリしすぎたかな？とか、ちょっとツヤがありすぎかな？というときは、ティッシュオフするくらいがちょうどいいんじゃないかなって思います。あと、リップラインを際立てすぎないために、ブラシは使わないこともあります。リップはほぼ直塗りです。

LET'S #KUBO MAKE　　　　　　　　　　　　　　　　1 to 3

保湿が大事

直塗りでグリグリ

内側を染めづけ♡

_STEP
① リップを塗る前は、必ずバームで保湿

唇が乾燥していると、色ものりにくいので、リップを塗る前は、必ずしっかり保湿。僕はバームタイプをよく使っています。

エッセンスハーブバームクリーム ¥3800／MiMC

_STEP
② 口紅は直塗りでグリグリッと色づけ

オレンジともピンクとも断定しがたい、夕張メロンのような可愛い色みのリップ。唇全体に、直塗りして、なじませます。

クリニーク ポップ シアー ポップ 02 ¥3200／クリニーク

_STEP
③ 唇の内側にだけ赤みをプラス

上下の唇の内側に、リップペンシルで赤みをプラスします。濃い色を塗ることで、リップに奥行きが出て、立体感がUP！

リファインドコントロール リップペンシル 06 ¥2500／THREE

FROM KUBO

元の唇の色が気になる人は、コンシーラーで色みを抑えてもOK。ディオールがオススメ！（P46）

CH. 3 ／058　　#KUBO MAKE

間違いない！LOVEリップ

01 RMK イレジスティブル グローリップス 03 ¥3000／RMK Division
02 キャンメイク リップティントシロップ 03 SPF15・PA+ ¥650／井田ラボラトリーズ
03 ジューシー シェイカー 301 ¥3000／ランコム
04 シマリング リップジャム 17 ¥3000／THREE
05 キッカ メスメリック リップラインスティック 06 ¥2800／カネボウ化粧品

- ツヤオレンジがピュアな感じ♥
- 染まるような旬な色づき
- 甘〜いピンク メロンの香り
- 強気な可愛さチェリーレッド
- 透明感のある軽〜いレッド

FROM KUBO：1回塗った後、ティッシュオフしてあげると染まったような色づきになりますよ。

メイクボックスの中身、初公開!
KUBO'S MAKE BOX

メイクボックスには、コスメ以外にもメイクに欠かせないアイテムが入っています。この仕事を始めてから、少しずつ必要な物が増えていきました。すべて無かったら困るマストアイテムです。

WHAT'S IN THE MAKE BOX?

(a) アイシャドウブラシやアイブロウブラシ、ブラシ類はほとんど白鳳堂で揃えています。とても使いやすいです。

(f) コームは髪をとかすだけでなく、コームの先で前髪や毛束感ニュアンスをつくるクボヘア必須アイテム。

(b) フェイスブラシのみTHREEのものを使っています。毛質は、とても柔らかく、肌あたりも抜群です！

(g) 三角スポンジもマスト。ファンデやコンシーラーは面を使い、目の周りなどの細かい部分のお直しは角の部分で。

(c) コットンと綿棒。綿棒は先が尖った物と丸い物のダブルエンドタイプ。細かい部分のヨレやにじみも綺麗にオフ。

(h) アイラッシュカーラーは資生堂。やっぱりこれが使いやすい！ どんな目の形の人でも根元からくるんと上がる。

(d) リップやチークなど、ジャンルごとに入っていて撮影現場に持っていくコスメをテーマにあわせて入れ替えています☆

(i) 爪切りは自分用。美容師としてもヘアメイクとしてもモデルさんの肌を傷つけないようにこまめに切っています。

(e) リファは必須！ スキンケアのとき(P43)にモデルさんにコロコロしてもらってむくみケア。つままれる感じが気持ちいい。

(j) メイク落としはビオデルマの拭き取り用クレンジング水。肌に優しいし、落とすのがラクとモデルさんにも好評です。

※掲載アイテムはすべて久保さんの私物です

人気クボメイク♡   Instagramで人気の高いメイクをピックアップ。皆さんは、どのスタイルが気になりますか？

Model_ ゆきら

2016年3月に撮影。ブルーのアイカラーとリップをポイントに♪カラーで楽しむ季節とともに「#メロン色」ブーム到来!!

Model_ あわつまい

2016年5月に撮影。「みんなのクボメイク×VOCE」で夏の生メイク♡ クボ推しをたくさん使ってプチプラなのにとっても可愛い!

Model_ 田辺かほ

2016年1月に撮影。初のTV収録「BeauTV VOCE」では、春にオススメのカラー「#青み」を使った大人メイクを披露。

Model_ 渡部麻衣

2015年6月に撮影。リップはキャンメイクのリップティントシロップを使用。このときの撮影で「#ちゅリップ」(P30) 誕生♪

Model_ 阿部朱梨

2015年11月に撮影。2015年のクボメイクのまとめ☆ 久保雄司が考える究極ナチュラルメイク「#生メイク」(P15) 誕生!

Model_ 島居玲子

2015年10月に撮影。rmsのルミナイザーでのせるツヤハイライト「#ぴち肌」(P34) 誕生! ノーラインで抜け感たっぷり♡

CHAPTER 4

クボメイク × LOVE♥ BRANDS！

1ブランドでつくる#クボメイク

目も、頬も、口も、肌も、すべてのパーツを1つのブランドだけで仕上げました。コラボしているのは、大好きなブランド♡　各ブランドの魅力を引き出しつつ、コラボできたら……。そんな気持ちでメイクしています。定番から新商品までの、すべてのアイテムからセレクト。みなさんのお気に入りは、いくつ見つかるでしょうか？

 meets

CANMAKE

キャンメイクは、メイク好きの味方。安いのに、カラフルで、ビジュアルがキャッチー。それでいて、ちゃーんと使いやすい色も揃ってる。学生から大人まで、幅広い層に人気のブランドですよね。

ポップなピンクメイクで、ほら、ワクワクが止まらない♪

CH. 4 / 070   #KUBO MAKE

How to

ピンクグラデは目尻を濃いめ
ブラシで、アイホール全体にCの中央のカラーをオン。その上から右のカラーをなじませる。その後、まぶたの中央から目尻にかけてピンクをのせ、境目を指でぼかして。

コーラルピンクで血色感を上げ↑
チークブラシにパウダーをとり、いったん手の甲で余分なパウダーをはたいてオン。少量をのせて、だんだん広げていくイメージで。

すべてのアイテムの中から厳選☆

KUBO SELECTION

FROM KUBO

目元もチークもリップもピンク！　元気でハッピーなイメージに仕上げました。

Ⓐ BASE
まるで美容液みたいなBB！

キャンメイク パーフェクトセラム
BBクリーム 01 SPF50・PA+++
30g ¥800／井田ラボラトリーズ

21種類もの美容保湿成分が配合されているBBクリーム。スキンケア感覚で使えます。

Ⓑ EYEBROW
濃淡グラデでナチュラル眉

キャンメイク パウダーアイブロウ 12
¥600／井田ラボラトリーズ

絶妙な2色。右のパウダーで全体を描いた後、左のパウダーをなじませてグラデーションをつくって。

Ⓒ EYE SHADOW
うるっと可愛い瞳に変身♥

キャンメイク シークレットカラーアイズ 01
¥650／井田ラボラトリーズ

保湿成分 ヒアルロン酸配合(!)で、やや湿り気のある質感。ナチュラルでうるんだような目元が完成。

Ⓓ EYELINER
誰でも簡単に描ける優秀ライナー

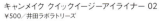

キャンメイク クイックイージーアイライナー 02
¥500／井田ラボラトリーズ

茶色に近いチェリー色。奇抜になりすぎず、いい感じのおしゃれ感♪　細いフェルトペンタイプ。

Ⓔ EYELASH
黒と茶色の中間色って新鮮

キャンメイク フレアリングカールマスカラ 01
¥650／井田ラボラトリーズ

ショコラブラックカラーで印象的かつ柔らかい目元に。まつ毛の長さがぐ〜んと伸びる！

Ⓕ CHEEK
ピーチピンクであったか血色

キャンメイク パウダーチークス PW23
SPF25・PA++
¥550／井田ラボラトリーズ

肌になじむ血色系のピンク。ふわっとつけるだけで、健康的なあったかフェイスが完成♪

Ⓖ LIP
表情華やぐピンクリップ

キャンメイク リップティントシロップ 03
SPF15・PA+
¥650／井田ラボラトリーズ

大好きすぎるリップ。発色がいいし、落ちにくいし、しかもSPFもあって、本当にスゴい！

#クボメイク meets

LANCÔME

ランコムは、大人っぽくて、質がいいイメージ。今回は、そんな魅力を活かしたくて、きちんと感がありながらも抜け感のあるメイクを目指しました。可愛いリップとは対照的に、前髪はかきあげ風に。

果実みたいな唇がぽんっと弾ける、大人可愛いフェイス

How to

チークはじゅわっと濡れた質感で
チークはトレンドのクッションタイプ。パフに液を含ませてから、ポンポンと少しずつのせて、広げていくイメージです。

ポンポン♪　スタンプみたいに色づけ
リップの先についたスポンジで、唇にスタンプを押すように色をのせます。ポンポンすればするほど、濡れ質感の可愛い唇に！

すべてのアイテムの中から厳選☆ **KUBO SELECTION**

> FROM KUBO
> ランコムには、大人っぽく仕上がるツヤアイテムがたくさん揃っています。

Ⓐ SKINCARE
オイル入りしっとり化粧水

イナジェ トリートメント リキッド
200㎖ ¥5000／ランコム

化粧水のなかにフレッシュオイルが入っていて、保湿力十分。つけた後の肌はなめらか〜。

Ⓑ BASE
"ぷるんっ"なうる肌が完成

ブラン エクスペール クッション
コンパクト 50 SPF50+・PA+++
レフィル ¥5200、ケース ¥1300／ランコム

水分をたっぷり含んだジェリー肌になるファンデ。乾きにくいから、メイクのもちバッチリです。

Ⓒ EYEBROW
柔らかなジェルで生眉に

スーシ ジェル 05
¥3000／ランコム

クリームのような、ジェルのようなアイブロウ。パウダーで描くより、しっとりした仕上がり。

Ⓓ EYE SHADOW
ヌケ感のある優しげピンク

イプノ パレット DO20
¥6800／ランコム

目元を一番柔らかく。左のピンクをアイホール全体に、茶色をキワに。仕上げに黄色を涙袋に。

Ⓔ EYELINER
チップ使いがヌケ感のキモ

クレヨン コール
ウォータープルーフ 02
¥2800／ランコム

アイラインを描いたあと、ラインの上からチップでなじませて。抜け感のある自然な目元になる！

Ⓕ EYELASH
鳥の羽みたいな美まつ毛に

グランディオーズ 01
¥4200／ランコム

根元からまつ毛を持ち上げるように塗布。先をスーッと流せば、美しいフェザーまつ毛が完成。

Ⓖ CHEEK
Wクッションで完璧生肌！

クッションブラッシュ スプティル 32
¥5600／ランコム

ファンデだけでなく、チークもクッションタイプに。W使いで、しっとりツヤっぽい"生肌"を入手。

Ⓗ LIP
キュートなウォーターメロン色♡

ジューシー シェイカー 352
¥3000／ランコム

予約段階で完売したくらい人気のスイカ色。シャカシャカ振ってポンポンつけるのが楽しい♡

/073

#クボメイク meets

MiMC

オーガニック&ナチュラルなMiMCは、「メイクしているときのほうが肌の調子がいい」と言われるくらい、肌に優しいコスメ。植物や天然鉱石ならではのにじむような発色でヘルシーに仕上げました。

メイクが心地いいと、表情もリラックスできるから不思議

CH.
4 /074 #KUBO MAKE

How to

チークはやや内側、高めを意識
黒目から垂直に下ろした辺りにファーストタッチ。クリームチークはちょっとずつ塗るのが成功の秘訣。自然に外に広げていって。

仕上げのツヤ足しで美肌感アップ
メイクの上から使えるお直し用のバームでツヤ足し。より、イキイキと、健康的な仕上がりに。のせる位置は#ぴち肌(P34)と同じ。

すべてのアイテムの中から厳選☆

KUBO SELECTION

FROM KUBO

肌に優しいから心地いい♪　自然な発色と質感を存分に楽しみましょう！

Ⓐ BASE
ふんわ〜り透明ピンク肌

ミネラルパウダーヴェール 02
¥4200／MiMC
チタンフリーが肌に優しいナチュラルミネラルパウダー。ピンク色で、透明感と血色感をGET！

Ⓑ EYE SHADOW
濡れピンクをまぶた広めに

ビオモイスチュアアイシャドー 15
¥3800／MiMC
しっとりソフトなピンクをアイホール全体に。ツヤを楽しんで。まぶたのキワは茶色で締めて。

Ⓒ EYELASH
まつ毛もしっとり潤わせて

ミネラルロングアイラッシュ
¥3800／MiMC
椿オイル配合で、存在感のある漆黒まつ毛に。マスカラはしっかり塗って、アイラインはなし！

Ⓓ CHEEK
コーラルピンクでハッピー

ミネラルクリーミーチーク 07
¥3300／MiMC
とろけるようになじむクリームチーク。お風呂から上がったみたいな自然なピンクがいい感じ♡

Ⓔ BALM
全顔OKのしっとりバーム

エッセンスハーブバームクリーム
¥3800／MiMC
以前から愛用中。リップを塗る時は保湿が肝心だから、必ずこれを塗って、潤いベースを作ります。

Ⓕ LIP
華やぎピンクをさっとひと塗り

ミネラルルージュ 09
¥3500／MiMC
つけた瞬間、顔がパッと華やぐピンク。唇ケア成分が豊富で乾きにくいし、色の持ちもGOOD！

Ⓖ HIGHLIGHT
メイクの上からツヤ足し♡

ビオモイスチュアスティック
¥3300／MiMC
お直し用のバームスティック。ツヤが欲しいところや乾燥でヨレた部分に使えて、1本あると便利。

#クボメイク meets

RMK

発色がいいし、色のりがいいし、ビジュアルも可愛い♡
ベースメイクからカラーコスメまですべて揃ってしま
うので、毎シーズン楽しみにしています！

メイクがキマると、ドキドキするくらい魅力的になれる

CH.
4 / 076   #KUBO MAKE

How to

ジェルマスカラで濡れ眉に
眉毛をパウダーで描いた後、ジェルマスカラを全体に塗って、ツヤ出し。眉毛一本一本に存在感が出て、外国人っぽいメイクが完成。

色っぽEYEの秘密はボルドー♡
アイライナーはボルドーをセレクト。ハネ上げずに、自然に流して。ブラックやブラウンに比べて、より色っぽく仕上がると思います。

すべてのアイテムの中から厳選☆ **KUBO SELECTION**

 FROM KUBO
今回のポイントは目元！　囲み目シャドウ×ボルドーラインで大人っぽく。

Ⓐ BASE
くすみさんも血色お肌に♡

RMK ベーシック コントロールカラー 04 SPF20・PA++
¥2000／RMK Division

ぷるんとしたジェルっぽい質感のピンク色の下地。くすみが晴れて、明るく血色のいい顔になります。

クマに塗って透明感アップ

RMK スーパーベーシック
リクイドコンシーラー N 01
¥3500／RMK Division

クマや目の上など、くすみが気になる部分にオン。それだけでも顔に透明感が出る魔法のアイテム！

Ⓑ EYEBROW
眉は髪色よりもちょい暗め

RMK パウダーアイブロウ N
¥3800／RMK Division

右のグレーと中の茶色を混ぜ、やや暗めのブラウンで描く。眉毛にのせる前に、手の甲で混ぜましょう。

塗れ眉でヌケ感アップ

RMK アイブロウジェル
¥2500／RMK Division

パウダーや描いた後、毛全体を透明マスカラでコーティング。やるとやらないとでは、かなり違う！

Ⓒ EYE SHADOW
オレンジで囲めば旬EYE！

RMK カラーパフォーマンスアイズ 02
¥4500／RMK Division

一番左のオレンジは、ありそうでない、可愛い色。上まぶた全体にのせつつ、下まぶたの目尻にもオン。

Ⓓ EYELINER
差し色に濃厚ボルドー

RMK インジーニアス
リクイドアイライナー EX 04
¥2800／RMK Division

メタリックな発色のボルドーライン。締め色として、大人の色気プラスアイテムとして、活躍してくれます！

Ⓔ CHEEK
深みのある上品なピンクチーク

RMK カラーパフォーマンスチークス 02
¥4500／RMK Division

3色の上をブラシですべらせて、手の甲で混ぜ合わせ、粉量を調節。頬のやや内側、高めに、スッと塗布。

Ⓕ LIP
美肌に見せてくれるリップ

RMK イレジスティブル ブライトリップス 03
¥3000／RMK Division

赤とオレンジの中間色だから、肌になじむ！　顔全体の透明感を上げて、明るく見せてくれるはず。

#クボメイク meets

THREE

甘さと辛さがいい感じで調和しているTHREEのアイテムは、常に時代の半歩先をいっていて本当にオシャレ。スキンケアもいい香りで手放せません。クボメイクでも、たくさん愛用してます！

甘さと辛さが共存すると、最強のオシャレ顔になれる

How to

横グラデで立体的な目元に
左上をアイホール全体に、中央を空けて左下をアイホールに塗る。Cの右上でアイラインを締める。右下をまぶたの中央にオン。

リップはブラシを使わずラフ塗り
リップは、あえて直塗りでラフに。最初に唇の内側にグリグリ塗って、それをだんだん外側に向かって広げていきます。

すべてのアイテムの中から厳選☆ **KUBO SELECTION**

 FROM KUBO

スキンケアも、メイクも、普段から愛用している#クボ推し揃い！

Ⓐ SKINCARE
肌も気分も柔らぐ化粧水

バランシング ローション
140㎖ ¥5800／THREE

植物の精油やボタニカルウォーターがたっぷり入った化粧水。しっとり&しなやかな肌触り。

ふっくらした肌に導く乳液

バランシング エマルジョン
100㎖ ¥6800／THREE

とろっとコクがある乳液。肌にスーッとなじんで、内側にぎゅっと水分をたくわえてくれます。

Ⓑ BASE
スキンケア感覚な下地

アドバンスドハーモニープライマー
SPF22・PA++
30㎖ ¥4500／THREE

86%以上の天然由来成分配合。メイクというより、美容液を塗っている感覚。透明もちもち肌に！

Ⓒ EYE SHADOW
シアーな陰影が魅力的♡

4Dプラスアイパレット 05
¥6200／THREE

シアーな質感でおしゃれな目元が完成。単色でも使えるし、組み合わせ次第でいろいろ楽しめる！

Ⓓ CHEEK
ひとはけで温もり顔に

チーキーシークブラッシュ 08
¥3000／THREE

赤みのあるベージュチーク。この赤みが、肌なじみを良くして、血色感をプラスしてくれる！

Ⓔ LIP
かなり使える赤リップ

ベルベットラスト リップスティック 15
¥3500／THREE

鮮やかな赤リップ。浮きすぎず、なじみすぎず、いい塩梅で今っぽさを出してくれる神色。

Ⓕ HIGHLIGHT
ツヤ出しに欠かせない

シマリング グロー デュオ 01
¥4500／THREE

この本の中でもたびたび登場する#クボ推し。鼻すじと目の下、アゴ先になじませてツヤをプラス。

CHAPTER 5

#クボメイクがもっと楽しくなる髪の魔法

#クボヘア

#クボメイクの本なのに、なぜヘアについても解説したいと思ったか。それは、ヘアとメイクは切っても切れない関係にあるからです。いくらメイクが可愛く仕上がっていても、ヘアがキマっていなかったら、そっちに目がいってしまう。とっても、もったいないと思います。そこで、ここでは#クボヘアをご紹介します。もし今の髪型が納得いってなかったとしても、ご自身に似合う髪型は、必ずあります。一緒に探していきましょう！

WHAT'S #クボヘア？

>> *Point*

① 動きで抜け感をプラスする
→黒髪さんでもOK！

>> *Point*

② 顔周りのニュアンスづくり
→顔の輪郭をカモフラージュ

>> *Point*

③ スタイリングは必ず「崩す」。
→だから崩れが気にならない！

LONG

CHANGE!

MEDIUM

CHANGE!

FROM KUBO　ヘアでかなり印象が変わりますが、大切なのは「やりすぎない」こと。つくり込みすぎると、逆にメイクよりもヘアに目がいってしまうんです。

LET'S #KUBO HAIR

>> 基本の巻き方

#クボヘアは、忙しい朝でもできるよう必要最低限しか巻きません。慣れれば5分でできます。

_STEP 1

巻く前にブラシで髪全体をとかす

下準備として、髪全体をロールブラシなどでとかします。内側から、毛先もしっかりとほぐして。

N.B.A.A. ソフトロールブラシ55 ¥6200／ジェニュイン

_STEP 2

ヘアアイロンでサイドの髪を巻く

サイドの毛束をとり、アイロンで床と平行に内側に1回転巻く。ブロッキングはしなくてOKです😊

ヘアビューロン® [カール] S-type ¥25000／リュミエリーナ

_STEP 3

バックも毛先を1回転巻く

②と同様に、バックの毛先を床に平行に1回転巻く。逆サイドも同様に、髪全体の毛先を内巻きに。

_STEP 4

耳から前の髪の毛束を後ろ巻きに

耳から前の髪の毛をとり、耳前、表面ともにアイロンで後ろ巻きに巻きつけます。5秒程度でOK。

_STEP 5

④の後ろの毛束5cmを前巻きに

④で巻いた表面の後ろの毛束5cm幅を前巻きに。
④→⑤の動作を、ぐるっとまわり終えるまで繰り返す。

_STEP 6

前髪は毛先だけ軽く内巻きに

前髪は、毛先だけ軽く内巻きに。前髪は印象を柔らかくするうえでとても大切なポイントです。

LET'S #KUBO MAKE

>> 基本のスタイリング

スタイリングで使うのは、シアバターが主成分のワックス（P94）ひとつだけ。肌と同じように、髪も保湿を。

_STEP
1

ワックスを
パール粒くらいとる

ワックスを、パール粒大くらい手にとります。体温で温めながら、手のひらでなじませます。

_STEP
2

毛先を揉みながら
なじませる

髪の毛を片サイドにもってきて、毛先を揉むようにしながら、ワックスをしっかりとなじませます。

_STEP
3

1本に束ねながら
髪を保湿

髪を1本にまとめます。ワックスがなるべく髪全体に行き渡るよう、束ねるときに手ぐしを入れます。

_STEP
4

持ち上げるように
手ぐしを通す

サイドから手ぐしを入れて、髪全体を上に向かって崩す。後ろの髪も、下から上へとかし、全体を崩す。

_STEP
5

前髪は、内側のみ
つけて質感を変える

手のひらに残っているワックスを、前髪の内側につける。スタイリング剤は肌に優しい物を。

FINISH

/085

LET'S #KUBO HAIR

#01

ハットアレンジ
for LONG

**顔に影ができるハットは
耳のちょこ見せで透明感UP**

ハットで顔周りに影や重さができる分、髪を少しよけて肌の見える面積を広げると、バランスがとりやすい。耳にかけて、イヤリングやピアスをつけても☺

How to

STEP **1**

アイロンを使って、内巻きに。とくに点線の表面部分は必ず巻く。

ヘアビューロン®［ストレート］
¥35000／リュミエリーナ

STEP **2**

ワックス（P94）を塗った手で前髪をつまみ、前髪に質感と束感を出す。

STEP **3**

サイドの髪を耳にかける。アクセをつけるとさらに可愛さがUP♡

LET'S #KUBO HAIR

#02

うぶバング

for LONG

久保雄司考案〝うぶバング〟
ひとつ結びでも抜け感UP☆

こめかみからもみあげまでの人工的なおくれ毛＝#うぶバング。これがあるとフェイスラインをカモフラージュできて小顔に見えます。アレンジには欠かせません。

How to

STEP 1

ポニーテールをつくる。アゴと耳を結んだ延長線上で結ぶとキレイ！

STEP 2

毛束から少し髪をとり、ゴムを隠すように、結び目にくるくると巻きつける。

STEP 3

巻きつけた髪は、ピンで結び目に向かって垂直にとめる。

STEP 4

こめかみからもみあげまでをこすり、おくれ毛を出す。アイロンで毛先を内巻きに。

STEP 5

おしゃれピンで耳の後ろあたりを留めて、ボリュームをタイトに見せても可愛い♡

LET'S #KUBO HAIR

#03

おてんばボブ
for MEDIUM

**自由にハネて、カールして♡
もう地味なんて言わせない!**

いつもはしっかりおさまるボブ。でも、ちょっと変わりたい……遊びたい……。そんなときは、毛先のちょっとしたニュアンスでイメチェンしてみましょう♪ ファッションに合わせて変化を楽しんで♡

How to

STEP 1

毛束を3cmとり、アイロンを45度で一回転巻く。その後ろの毛束はアイロン先を下に向けて45度で巻く。交互に行う。

STEP 2

トップの毛をテニスボールほどとり、真上に引き出し、毛先から根元まで巻き込む。

STEP 3

ワックス(P94)をなじませた手で、髪をひとつにまとめながら髪全体を保湿する。

STEP 4

下から上に手ぐしを通し、巻いた髪の毛をしっかりと崩します。

STEP 5

おでこの分け目にワックスをつけてあげるとウェットな質感になり色気UP♡

LET'S #KUBO HAIR

#04

うぶアレンジ
for MEDIUM

**短い髪でもおだんごはできる！
触感そそるルーズなアップヘア**

うぶバングさえあれば、ボブや中途半端な長さの髪でも可愛いおだんごがつくれます。最初からおくれ毛を出しておくことで、崩れも気になりません。

How to

STEP 1

やや高めの位置に、ゴムでおだんごをつくる。結べない毛は出しておいてOK。

STEP 2

おだんごの左右を手でつまみ、両サイドに引っ張るようにして、少し崩す。

STEP 3

首筋のおくれ毛をおだんごに向けてピンで留める。あえて少し残しておく。

STEP 4

トップの髪を1cmの束引き出し、ねじって留めてニュアンスをつくる。これを数ヵ所同じように繰り返す。

STEP 5

顔周りのおくれ毛をアイロンで内巻きに。首筋のおくれ毛も同様に巻く。

LET'S #KUBO HAIR

Q & A

Q #クボヘアの必須アイテムは？

クボヘアに欠かせないのは、ズバリ「保湿」アイテム！ 髪も肌と一緒で、保湿をしっかりしたほうがイキイキと魅力的に見えます。久保雄司的ベストヘアコスメは、これ！ ケアからスタイリングまで、これさえあれば、安心です。

productsの
ヘアワックス

オーガニックのシアバターにエッセンシャルオイルが配合されたワックス。この本で紹介したアレンジはすべてコレでスタイリング。ザ・プロダクト ヘアワックス ¥1980／KOKOBUY

Aujuaの
セラム

洗髪後、傷みが気になるところにつけると、柔らかくなってスタイリングもしやすく。スキンケアでいう「美容液」みたいな感じ！ オージュア クエンチ セラム 120ml ¥2600／ミルボン

THREEの
トリートメント
オイル

オーガニックの植物オイルだけを配合。さらっとした使い心地なのに髪の芯がしっかりと潤う！ スキャルプ&ヘア リファイニング トリートメント オイル 20ml ¥2800／THREE

CH. 5 / 094   #KUBO MAKE

#クボヘアはアクセがあると、さらに楽しい！　ここに載っているのは、すべて、僕の私物です☺

KUBO'S SELECTS ITEMS

HAIR ARRANGE STICK
SELECT ITEM 01

ポニーアレンジスティック

ゴムの結び目を簡単に隠せるスティック。これひとつあるだけで、プロっぽいヘアアレンジができるのでオススメです！

COLORFUL RUBBER BAND
SELECT ITEM 02

クリアなカラフルゴム

ポップに仕上げたいときや、洋服に合わせて色のゴムを使いたいなーというときに。さりげなく可愛い♡　100均で購入。

SHORT COMB
SELECT ITEM 03

短めのコーム型アクセ

PLUIEで購入。耳にかけたダウンスタイルに、さっと挿すだけで華やかになります。アクセサリー感覚で使えます！

LONG COMB
SELECT ITEM 04

長めのコーム型アクセ

これもPLUIE。頭の丸みに沿ったデザインで、縦につけても、横につけても可愛い。これ一つでオシャレ感UP♡

CROSS BARRETTE
SELECT ITEM 05

クロス形のバレッタ

nanan bijouxxxで購入。クォーツをあしらったデザインに一目惚れ。一つ一つが手作りなのも魅力的です。

MILKY-COLOR PIN
SELECT ITEM 06

ミルキーピン

ミルキーな色合いが可愛いなと思い、渋谷のヘアアクセサリーショップで購入。数個重ねづけするのがオススメ。

PATTIN HAIR CLIP
SELECT ITEM 07

カラフルパッチン留め

ポップなカラーのパッチン留めは、元気なヘアアレンジにぴったり。ファッションと合わせて差し色として使ったり。

CANDY-COLOR RUBBER BAND
SELECT ITEM 08

キャンディゴム

コロンとした飴玉っぽさに一目惚れ。夏のカジュアルな洋服に合わせると、とっても可愛いと思います！

CHAPTER 6

100の質問に、お答えします！

よく頂く質問に答えます！　僕の答えが必ず正しいわけじゃないけど、きっかけ作りになれたら嬉しいです☆

よくある質問

BASE

Q001_肌がイエローベースなので、クボメイクが似合いません（涙）。何かいい方法はありますか？
イエローベースの方でも大丈夫ですよ！　黄みがもし気になるなら、コントロールカラーを使って、肌の黄みをおさえつつ、透明感を出してみてはいかがでしょうか？

Q002_乾燥肌で悩んでます……。乾燥肌でもツヤ感が出る下地はありますか？
ポール＆ジョーの下地をよく使います。バーバリーやTHREE、ディオールの下地もいいですよ。保湿効果バッチリです。

Q003_色白で、のっぺりになりがちなのですが、下地は何がいいでしょう？
メイクで「形作り」にポイントを置いてもいいかも。眉とか目元とかリップとか、少し縁取りがあるだけで、のっぺり感はなくなるはず☺

Q004_今下地を探しているのですが、お手頃でオススメはありますか？
アクア・アクアの下地。肌に優しいし、お財布にも優しめです。

アクア・アクア オーガニックトリートメント CC ベース
UV SPF31・PA++ ¥2600／RED

Q005_モデルさんみたいにキレイな肌になりたい……（涙）。でもホクロやニキビ跡って、カバーしきれないです。
ニキビとかにコンシーラーを塗り続けると、どうしても治りが遅くなったりしますよね。隠したい気持ちはわかるのですが、すべてを隠さなくても、僕はいいと思います！

Q006_クマがヒドいんです。どうすれば気にならなくなりますか？
スキンケアするときにスチーマーであたためたり、目元用のケアアイテムを使ったりしています。

バランシング トリートメント アイローション 97㎖ ¥7000／THREE

Q007_オススメのパウダーファンデはありますか？
僕は、今は基本的にはパウダーファンデは使っていないんです。オススメがあったら、ぜひ教えて欲しいです（笑）！

Q008_毛穴をキレイに隠せるファンデないですか？
RMKのファンデ（P47）。カバー力があって、肌なじみもいいので愛用しています。

Q009_そばかすが気になるのですが、顔にぶわーっとあるので、隠しきれなくて悩んでます……。
そばかすは生かしたほうがいいですよー！　可愛くないですか？　コンプレックスって、気になっているのは自分だけだったりしますよね。プラスとして考えて生かしたほうが、より個性が出て、いいときもありますよ★

Q010_ぴち肌メイクをしてみたいのですが、薄いベースメイクは不安で仕方ありません。
分かります！　いきなり薄くするのは不安だと思うので、少しずつ変えるのはどうですか？　ファンデをパウダーからリキッドに替えたり、リキッドからBBに替えたりするだけでも違いますよ。

Q011_ベースメイクの仕上げに、お粉を使ってるんですが、ツヤ肌になりません（涙）。
ツヤ肌にしたいとき、パウダーのつけすぎには僕

も気をつけています。そんなときは、パフではなくブラシでつけるようにしています。

Q012_ すぐテカってしまう肌でも生メイクはできますか？

もちろんです☆　テカリが気になるところにはパウダーを多めにのせています。

Q013_ 立体感のあるメイクに憧れます！　シェーディングのいい方法を教えてください。

僕はいつもシェーディングをしていません。より立体感を出したいところにハイライトをのせて、メイクしています。

EYE

Q014_ 一重の目でも可愛くなれるメイクがあれば教えてください。

僕だったら目尻から遊んでみます！　たとえば、カラーアイライナーやカラーマスカラなどは、使いやすくてオススメです☺

Q015_ クボメイクにハマってから、濡れ感のあるアイシャドウが手放せません！　色のバリエを揃えたいのですが、プチプラでオススメはありますか？

リンメルのアイシャドウのクリームタイプは、今

ぽくてとても使い勝手がいいです。クリームとパウダーの2タイプあって、単体で使うのはもちろん、二つを重ねるのもアリ！

A. プリズム パウダーアイカラー 004、B. 同 クリームアイカラー 005 各¥800／リンメル

Q016_ 単色シャドウのメイクが可愛いので真似したいのですが、奥二重でもともと目の印象が薄いので、すっぴんみたいになってしまいます。モデルさんがやると可愛いのに……。

そんなときは、単色シャドウだけで終わらせずに、締め色のシャドウをアイラインっぽくまぶたのキワにのせてみるのはいかがでしょうか？　ブラウンのペンシルアイライナーで目元を締めたりすると、ぐっと深みが増して印象的なアイメイクを楽しめますよ。

Q017_ ナチュラルメイクにしたくて、アイライナーやマスカラをブラウンにしたのですが、がっつり感がなくなりません。

がっつり感がなくならないということは、つけすぎてるのかな(笑)。色を薄くするか、アイライナーの太さを細くするのはどうでしょう？　それか、

マスカラかアイライナーのどちらかをなくしてみるとか？

Q018_ アイシャドウに使うなら、どのブラシがオススメですか？

僕はブラシはほとんど白鳳堂（P65）のものを使ってます！　でもブラシでつけたあと、必ず、境界線を指でぼかしてます。

Q019_ 片方が二重で、片方が一重なので、メイクをしても一重のほうが映えません。左右対称にならないのが悩みです。

アイラインの太さを変えたり、シャドウの幅を変えたりして、左右対称に近づけるのがいいと思います。

Q020_ 夕方くらいになると、目の下がパサパサになって、うるツヤ感が無くなります。何かいい方法ありませんか？

もしかすると、コンシーラーを重ねすぎかも。肌なじみがいい、柔らかいテクスチャーのものに変えてみては？

Q021_ オフィスメイクでオススメのアイシャドウはありますか？

オフィスメイク……上司の気分で答えてみますね(笑)。うーんと、ヌーディなブラウンベージュ系！ラメが強いとメイクが強くなっちゃうから、繊細な

パールがいいと思います。

Q022_涙袋メイクをしたいのですが、涙袋がしっかりあるほうなので、シャドウをつけすぎると、悪目立ちします。上手い調整方法があれば教えてください！

しっかりある場合は、塗らないときのほうが多いです。塗る場合も、あまり明るすぎない色をチョイスします☆

Q023_つり目を生かしたメイク方法は？

つり目ということは、すでに目が素敵なポイントになっているので、ラインかマスカラのどちらかだけにして、形をつくりすぎないメイクもイイと思います！

Q024_つけまつ毛はつけますか？

基本的には、つけません！

Q025_下まつ毛にマスカラを塗らないのはなぜですか？

塗ることもあります。でも、下まぶたに色をのせるときは、それを邪魔したくないので、下まつ毛にはマスカラを塗らないことが多いです。

Q026_就活にオススメのアイメイクは？

ラインをしっかり入れると強くなりすぎるから、ラインよりもマスカラに力を入れたほうがいいかも。ボリューム系よりはロング系かな☆

Q027_オススメのペンシルアイライナーはありますか？

ルナソルのペンシルアイライナーがオススメです！　僕は、アイライナーというより描くアイシャドウとして使っています！

ルナソル シャイニーペンシルアイライナー 02 ¥2000／カネボウ化粧品

LIP

Q028_リップをツヤッとぷるっとさせるコツはありますか？

一番大事なのは下準備！　リップを塗る前にバームやリップクリームできちんと保湿してあげて。

Q029_唇の色が濃すぎて、似合うリップがなかなか見つかりません（涙）。

唇にも使えるコンシーラー（P46）を使って、色を消してからリップを塗ってみてください。似合わないと感じた色も、試しやすいですよ♪。

Q030_久保さん推薦のメロン色に挑戦したいのに、似合わないですー！

たとえば、お手持ちのリップにオレンジっぽいものを混ぜてみるのはどうでしょう？　自分に似合うメロン色が見つかるはず。

Q031_唇に厚みがない場合は、どうやってぷっくりさせたらいいですか？

まずは、細めのリップペンシルを使って形づくりをしています。リップを塗ったあと、仕上げに唇の一番盛り上がっているところだけにグロスを塗ると、ぷっくりしますよ。

EYEBROW

Q032_眉毛を描くときに気をつけていることっ

CHAPTER3の撮影風景。モデルは松野莉奈さん！

てありますか？
眉頭や眉山を角ばらせないこと。できるだけ角をつくりたくないので、パウダーを使うことが多いです。

Q033_ 眉毛がどうしてもノリみたいになっちゃうんですが……。
ふんわり見せたい場合、パウダーで描いたあと、ピンクやオレンジのパウダーをのせてます。それだけで、のっぺりした感じから柔らかい印象になりますよー。

Q034_ ギャル全盛期を過ごした者です。当時、アムラー眉が流行っていたので、抜きすぎて、細眉のままです。どうしたらしっかり眉毛に見せられますか？
そういう方、僕の周りにも多いです。パウダーなどでベースをつくってから、眉毛の一本一本を太くして、しっかり見せるのはどうですか？　目元用のブラウンマスカラ（P37）が使えます！

Q035_ 黒髪なのですが眉毛が上手く描けなくて、もっさりとした印象になってしまいます……。
あまり眉を主張したくなかったら、黒髪の方も、仕上げに明るめの色をのせるのがオススメです！　黒髪の方ほど、抜け感が出ますよ！

Q036_ 久保さんがオススメしているヴィセのアイブロウパウダー、3色ありますが、使い分けするとしたら？
これ、本当に使えますよねー！　プチプラだし！　Aのカシスは、抜け感が欲しい人、Bのイエローは、髪がハイトーンの人にオススメ。Cのカーキは大人っぽく、外国人ぽくしたい人向けです☺

A　　　B　　　C

A.ヴィセ リシェ カラーリング アイブロウ パウダー BR-2、B.同 BR-1、C.同 BR-3 各¥1200（編集部調べ）／コーセー

COLOR

Q037_ 今っぽいカラーメイクに挑戦したいのですが、どんな色からトライするのがいいですか？
いま注目しているのはメロン色です☆　ピンクすぎないオレンジ、オレンジすぎないピンク。肌なじみも良く試しやすい色だと思います。

Q038_ メロン色以外に、推し色はありますか？
今は黄ラメが気になっています。薄い黄色ラメがシャイニーな質感にしてくれます。

Q039_ 黄色系の服が似合わないんですがそういう場合メイクも黄色は似合わないんでしょうか？
そんなことはないと思いますよ。黄色にもいろいろな色があるので、実際に試してみるのが一番かと。もし抵抗があるとしたら、目尻だけとかポイントでメイクするのはどうでしょう？

Q040_ カラーコスメを上手に使いこなす方法を教えてください！
ブラウンシャドウと組み合わせて使ってみると、肌なじみがさらに良くなると思います。使わずに眠っているブラウンシャドウとかで、ぜひ試してみてください！

Q041_ カラーメイクをするときに大切なことって？
「つけすぎない」「やりすぎない」ということを心がけています！

Q042_ 赤やオレンジを使うと派手になっちゃいます（涙）。
アイラインやカラーマスカラから試すとやりやすいですよ！　それか混ぜてみては……？

Q043_ オススメのカラーライナーは？
ラブ・ライナーです。ピンクやネイビーなど、カラ

ーバリエーションもあって、とっても可愛いですよ。

Q044_ クボメイクで黒いアイラインをあまり使わないのはなぜですか？
黒いアイライナーを使うと、ポイントになってしまって、どうしてもそこに目がいきがち。黒いアイライナーを使うとしても、細めに、あまり主張しすぎないように描くことが多いですね。

Q045_ カラーメイクをすると、落ちたときに悲惨じゃないですか？
汗をかいちゃうと、どうしても落ちやすくなりますよね……。にじませるように仕上げると、抜け感が出るだけでなく、落ちたときにバレにくいという利点もあります。

Q046_ 涙袋のカラーメイクでオススメの方法はありますか？
ピンクを使う理由は、外国人みたいな目元にしたいからです。ラメが大きいと濡れたように見えるので、ラメシャドウも好きです！

Q047_ 赤系のメイクが好きなのですが、二重まぶた全体にシャドウを入れると、どうしても濃い感じになってしまいます……。
幅を変えてみたり、アイシャドウじゃなくて、赤系のアイライナーに替えるのはどうでしょう？

Q048_ 私の学校はメイクが禁止なんです。すっぴんに見えて血色もよく見えるメイクの仕方はありますか？
差しつかえない程度に、肌になじむベージュ系や、ほんのりピンクのチークを足してみるとか！（笑）。

Q049_ 青みピンクのメイクが好きなんですが、なんだか顔色が悪く見える気がするんです……。
クリアな青みピンクなら、顔色は悪く見えにくいと思います。僕は透明なリップグロスとか、アイシャドウベースを一緒に使うことが多いです。持ってるコスメを生かしたいなら、リップは塗ってからティッシュオフしたり、指で塗ったりすると柔らかさが出ると思います。

Q050_ 赤みメイクが好きなんですけど、古くてダサくなっちゃいますか？
そんなことないですよ！　僕も好きです。ブラウンの次に使いやすい色だと思いますよ。でも、全部のパーツを赤くすると「赤！」って感じになっちゃうので、どこかで抜け感を作ったりしています。

Q051_ 撮影で使うコスメはどうやって色を選んでいるんですか？
気になる新作をすべて紙に塗って、どの色とどの色を組み合わせようかなーとか考えてます。

白い紙に、リップやシャドウを直接塗布して色をチェック。新作発売の時期に行う大事な作業。

CHEEK

Q052_ 丸顔にオススメのチークはありますか？
あまり強すぎない色かな。もしくは、強い色を使うなら、本当にちょっとだけのせて、あとは指でぼかしています。

Q053_ 日焼けした感じにしたくて、ベージュチークを使いたいんですけど、くすんで見える気がして、いまいち使いこなせません……。
自分の肌より濃い色だと、くすんで見えてしまうこともありますよね。もしくすみが気になるなら、自分の肌よりちょっと明るいオレンジやピンク系にしてみてもいいかもしれませんね！

Q054_ チークをつけるときに、私も境界線をなくすように試行錯誤してるんですが……なかなか上手くいきません。

僕は、肌につけるとき、必ず1度手の甲でなじませてからつけています！　つけた後も境界線をぼかすときは指でポンポンとなじませています。

Q055_チークを塗るのがすごく苦手です。なじみやすいオススメのチークはありますか？

アイテムというよりも、色なんですが、中間色がいいと思います。赤ではなく赤オレンジとか、ベージュとかサーモンピンクとか、肌の色に近づけていくのがいいと思います。

Q056_クリームチークを塗ると、ファンデがよれます……どうしたらキレイにのりますか？

僕はクリームチークを使うときはパウダーを少なめにしたり、ファンデーションはなるべくやわらかいものやリキッドにしています。

Q057_チークブラシ、オススメはありますか？

白鳳堂のブラシ（P65）を愛用してます！

HAIR

Q058_トレンドのカラーは？

僕は品とツヤのあるニュートラルベージュが好きです。

Q059_暖色のカラーでオススメは？

CHAPTER5 (P81)の撮影風景。髪を巻くのにかかる時間は、ざっと5分くらい。

質の高いチョコレートみたいな色。ちょっと赤みがある感じがポイントです☆。

Q060_黒髪の人にオススメのヘアスタイルは？

黒髪の方は、ポイントを作ったほうがいいと思います。前髪をつくったり、動きをつけたり、顔周りを遊ばせたり！

Q061_黒髪の人の場合、メイクはどうすれば？

黒髪の人ほど、色々と試しやすいですね☆　生メイクも似合います(^-^)

Q062_オススメのスタイリング剤は？

ザ・プロダクトのシアバター入り、ヘアワックス（P94）がオススメです！

Q063_スタイリング剤としてオイルを使うのは正解ですか？

フォルムをおさえたい人は、オイルがいいと思います！　遊ばせたい人はシアバターがオススメ。

Q064_オススメのヘアトリートメントを教えてください！

オージュアのトリートメント。いろんな種類があって、髪質によって選べますよ。

Q065_カットをオーダーするとき、「お任せ」って迷惑ですか？

ぜんぜん！　お任せの人も多いですよー。

Q066_髪を巻くと、どうしても気合いはいってる感じになってしまいます……。抜け感を出す方法はありますか？

髪は、必要最低限だけ巻けばいいと思います！　あとは、スタイリングのときにヘア全体を崩すと、いい感じに抜け感が出ますよ。(P85)

KUBO COLLECTIONでは、モデルの弓ライカさんをヘアメイクしました！　テーマは「うさぎ」です。

Q067_ 久保さんにカットしていただきたいのですが、予約ってとれますか?
もちろんです! 新規のお客様も大歓迎です!

Q068_ 美容室で久保さんにメイクをしてもらうことはできますか?
お店では、メイクのお仕事は受けていないんですよ……。すみません……m˘.˘m

OTHERS

Q069_ 絵でメイクのイメージを考えるとき、実際のコスメを使うのですか? それとも普通に色鉛筆など画材を使うのですか?
実際のコスメを使ってますよ☆

Q070_ メイクをする前に、絵を描くのはどうしてですか?
自分の顔で試せないので、白い紙に塗ってみて、色を試すんです。一つ一つの良さをわかっていたほうが、メイクもさらに楽しめますよ♪

子供の頃から絵を描くのが大好き!

Q071_ ぷくラインやうぶバングなどのネーミングは、どうやって考えているんですか?
聞いたときとか、文字で見たときにパッとイメージが湧くように、名前をつけています。

Q072_ どれくらいのペースでコスメカウンターに行くんですか?
週1くらいですかね……(笑)。撮影で試して気になった新作は、発売日に買いに行きます!

Q073_ いつも、どうやってコスメを探しているんですか?
コスメカウンターに行ったり、雑誌を見たり、お客さんが好きなものを聞いたり……、皆さんと同じですよ♪

Q074_ メイクのインスピレーションはどこから得ているんですか?
なにか特定のものや人は、あまりないです。いつも、ここはこうなったら可愛いかな? みたいな感覚でヘアメイクしています。でも、映画を見たり、写真集を眺めたり、常にアンテナを張るようにはしてますね。

Q075_ メイクの順番を教えてください!
基本的には上からつくっていきます! でも、リップをポイントにしたいな、というときは、先にリップを塗ってから、ほかのパーツをメイクしています。

Q076_ よくコスメを買いに行くデパートは?
渋谷西武が多いです! あとはヒカリエかな☆

Q077_ ドラッグストアとかも行きますか?
もちろん! プチプラ大好きなので(笑)。プラザやマツキヨ、アインズ&トルペでコスメを探すことが多いですね。

クボコレ(P38)の撮影風景。僕がヘアメイクをしている間に、アシスタントのayakaが撮影用に背景を作ってくれています。

そんなにない質問 (笑)

Q078_ 久保さんって、何型なんですか?
A型です!

Q079_ 久保さんがインスタにUPしてるコスメの写真は、どこで撮ってるんですか?
お店にある個室の壁の前で撮影してます。

#クボ推しコスメを撮影するときは、必ず片手で持ちます。いつからか、このスタイルが鉄板に。

Q080_ 好きな洋服のブランドは?
ザ・ノース・フェイス、古着。

Q081_ Instagram を始めたのは?
2011年の1月です。

Q082_ 猫ブームですが、猫派? 犬派?
犬好きです♪

Q083_ 一番好きな季節は?
夏!☺

Q84_ 好きな乗り物は?
キックボード、新幹線。

Q85_ スキンケアしてますか?
してないです。お湯で洗って水でしめるだけ(笑)。

Q86_ 親指の指輪はどこのですか?
nonnative っていうブランドのものです。

この指輪たちは、基本的にずーっとつけてます。お風呂に入るときも寝るときも、外しません!

Q87_ 小指の指輪はどこのですか?
左はクロムハーツ、右は PLUIE です。PLUIE はヘアアクセサリーも持ってます! (P95)

Q88_ 趣味は何ですか?
おいしい店めぐりです。(^.^)

Q89_ 美容学生時代、どんな学生でしたか?
学級委員でした。といっても何もしないんですけど……。他校の友達も多くて、原宿や青山によくいました。

Q90_ 休みの日は何をしていますか?
ゆっくりしてます。温泉行ったり、映画をみたり、買い物したり。

Q91_ 旅行するなら?
沖縄! 行きたい……。

Q092_ 好きな飲み物は?
スタバの抹茶 クリームフラペチーノ。

Q093_ 好きな食べ物は?
お寿司です!

Q094_ お寿司のネタといえば?
赤貝、アジ、エビ

Q095_ 好きな映画は?
『ショーシャンクの空に』『バーレスク』『スター・ウォーズ』。

Q096_ 普段、お料理はしますか?
しません。

Q097_ 久保さんって、カラオケとか行くんですか?
お酒を飲んで行くことが多いです(笑)。

Q098_ カラオケでの十八番はなんですか?
十八番ではないですが、Mr.Children の「終わりなき旅」が好きです。

Q099_ いつも何の香水をつけてるんですか?
ジョー マローン ロンドンのウード & ベルガモットです!

Q100_ クボメイクを一言で表すと?
ズバリ、楽しむことです☆

おわりに

本を出すことは、僕にとって夢でした。

こういった形で、色んな方たちに協力していただいて出版できることを
すごく嬉しく思っています。
今があるのは、いつも近くで支えてくださっている方々、Instagramなどで
僕の発信を見てくださっている方々のおかげだと心底、実感しています。

本当にありがとうございます！

#クボメイクのテーマは『楽しむ』こと！
明日、鏡の前で昨日よりちょっとでもヘア、メイクを楽しんでもらえてたら大満足です！
皆さんも、オススメのコスメやメイク方法があったら、
ぜひInstagramで教えてくださいね♡　一緒に楽しみましょう♪

STAFF

hair&make-up artist
久保雄司

photographer
kisimari (INTRODUCTION,CHAPTER4)
永谷知也 (CHAPTER1,2,3,5)
伊藤泰寛 (still life, P28, P64, P80)

stylist
MAIKO

illustratior
maegamimami

model
ヤオ・アイニン,山本舞香 (INTRODUCTION)
武居詩織,渡部麻衣 (CHAPTER1,2)
松野莉奈 (CHAPTER3)
る鹿,野崎智子 (CHAPTER4)
あわつまい,あめ (CHAPTER5)
弓ライカ (KUBO COLLECTION)

hair&make-up assistant
miho,ayaka

design:
attik

editor&writer:
鏡裕子 (VOCE)

editor assistant:
与儀昇平,吉村有理江

writer assistant:
松下侑衣花

 Check instagram now!

久保雄司:@kup000
kisimari:@ kisimari_love
永谷知也:@ t.nagatani
MAIKO:@ stylist_maiko
maegamimami:@ maegamimami
ヤオ・アイニン:@ ipipy20000
武居詩織:@ shioritakesue
渡部麻衣:@ mmaaiipp
る鹿:@ luluxinggg
野崎智子:@ tomoconozaki
あわつまい:@ awatsumai
あめ:@_ame_offi
弓ライカ:@ yumi_raika
miho:@ miho.saitou67
ayaka:@ suganoayaka
VOCE編集部:@ vocemagazine
松下侑衣花:@ yuika_matsushita

CLOTHES CREDITS

P.3

【山本さん】カーディガン¥11800／lilLilly TOKYO (lilLilly) ブレス¥3500／lilLilly TOKYO (LILICIOUS) ピスチェ、ネックレス／スタイリスト私物

【ヤオさん】キャミソール¥5800／Lily Brown ルミネエスト新宿店 (Lily Brown) カーディガン¥11800／lilLilly TOKYO (lilLilly) 首につけたチョーカー、服につけたイヤリング、イヤリング／スタイリスト私物

P.4

トップス（ピンク）¥5000(税込み)／Barrack Room チョーカー¥4700／MILK 中に着たチューブトップ／スタイリスト私物

P.5

トップス（グリーン）¥12000(税込み)／Barrack Room チョーカー¥5600／MILK 中に着たチューブトップ／スタイリスト私物

P.10-11

【ヤオさん】トップス¥10400／snidel ルミネ新宿2店 (snidel)【山本さん】ワンピース（シースルー）¥8000(税込み)／Barrack Room 下に着たトップス¥53000／Le charme de fifi et fafa (Asli Polat)

P.16

ベアトップ¥9800／lilLilly TOKYO (lilLilly) ブレス¥3500／lilLilly TOKYO (LILICIOUS) ピアス¥1800、フリンジブレスレット¥2900／CASSELINI (CONTROL FREAK)

P.18

デニムオールインワン¥37000／PAMEO POSE イヤリング¥2680／サンボークリエイト (Ane Mone) 腕に巻いたリボン／スタイリスト私物

P.20

コットンブラウス¥9250／Ungrid スカート¥13000／The Dayz tokyo 渋谷パルコ (The Dayz tokyo) 頭のリボン、チューブトップ／スタイリスト私物

P.22

ギャザートップス¥8800／lilLilly TOKYO (lilLilly) ブレス¥3000／lilLilly TOKYO (LILICIOUS) リボンピアス（両耳セット）¥1300／サンボークリエイト (Ane Mone)

P.24

ニットトップス¥8800／Rosary (Rosarymoon) ピアス／スタイリスト私物

P.26

イヤリング¥5000／lilLilly TOKYO (LILICIOUS) トップス、チューブトップ／スタイリスト私物

P.41

全てスタイリスト私物

P.43

全てスタイリスト私物

P.62

全てスタイリスト私物

P.70

全てスタイリスト私物

P.72

ノースリーブトップス¥4900／MULLER ルミネエスト新宿店 (MULLER) チョーカー¥16000／imac (Sea Rose) ピアス／スタイリスト私物

P.74

チェック柄ワンピース¥19000／WILLSELECTION 有楽町マルイ店 (WILLSELECTION) ブレス／スタイリスト私物

P.76

ベルト付きベスト¥23800／STUDIOUS WOMENS SHINJUKU (STUDIOUS) ブレス¥13000／imac (Sea Rose) 中に着たタンクトップ／スタイリスト私物

P.78

ノースリニット¥8200／STUDIOUS WOMENS SHINJUKU (STUDIOUS) バングル・参考商品／imac (Sea Rose) ピアス／スタイリスト私物

P.82

ガウン¥14800／lilLilly TOKYO (lilLilly) チェーンネックレス¥3200／lilLilly TOKYO (LILICIOUS) パンツ¥10800(税込み)／American Apparel ハット¥15000／CA4LA ショールーム (CA4LA) リング／本人私物 トップス、ピアス／スタイリスト私物

P.83

トップス（白）¥13000／PAMEO POSE スカート¥8900／merry jenny ピアス／スタイリスト私物

P.88

全てスタイリスト私物

P.92

トップス¥4900／merry jenny ショートパンツ¥13800／lilLilly TOKYO (lilLilly) イヤリング¥5000／lilLilly TOKYO (LILICIOUS)

SHOP LIST

RMK Division	0120-988271
アディクション ビューティ	0120-586683
American Apparel（カスタマーサービス）	03-6418-5403
アルファネット	03-6427-8177
Ungrid	03-5447-6531
井田ラボラトリーズ	0120-441184
イプサ	0120-523543
imac	03-3409-8271
WILLSELECTION 有楽町マルイ店	03-3282-1178
MiMC	03-6421-4211
msh	0120-131370
EMODA ルミネエスト新宿店	03-3355-1560
CA4LA ショールーム	03-5775-3433
カネボウ化粧品	0120-518520
CASSELINI	03-3475-0225
GREED International Tokyo store	03-6721-1310
クリニーク ラボラトリーズ	03-5251-3541
コーセー	0120-526311
KOKOBUY	03-5772-8535
コスメデコルテ	0120-763325
The Dayz tokyo 渋谷パルコ	03-3477-5705
サンポークリエイト	082-243-4070
ジェニュイン	03-6222-2212
資生堂 お問い合わせ先	0120-304710
シュウ ウエムラ	03-6911-8560
STUDIOUS WOMENS SHINJUKU	03-5925-8966
snidel ルミネ新宿2店	03-3345-5357
THREE	0120-898003
NARS JAPAN	0120-356686
バーバリー お客さま窓口（化粧品）	0120-771141
POWDER ROOM	06-6226-8062
パナソニック お客様ご相談センター	0120-878365
PAMEO POSE	03-6840-5553
Barrack Room	03-6416-9129
パルファン・クリスチャン・ディオール	03-3239-0618
ポール & ジョー ボーテ	0120-766996
ボビイ ブラウン	03-5251-3485
M·A·C（メイクアップ アート コスメティックス）	03-5251-3541
MULLER ルミネエスト新宿店	03-3359-3390
MILK	03-3407-9192
ミルボンお客様窓口	0120-658894
メイベリン ニューヨーク お客様相談室	03-6911-8585
merry jenny	03-6840-5353
ランコム	03-6911-8151
リュミエリーナ	0120-710971
Lily Brown ルミネエスト新宿店	03-6457-8555
lilLilly TOKYO	03-6721-1527
リンメル	0120-878653
Le charme de fifi et fafa	03-5774-0853
RED	03-6421-4323
ローラ メルシエ	0120-343432
Rosary	03-6450-5065

＃クボメイク

2016年6月21日　第1刷発行

著者　久保雄司(クボユウジ)

発行者　鈴木 哲
発行所　株式会社 講談社
〒112-8001　東京都文京区音羽2-12-21

印刷所・製本所　大日本印刷株式会社

この本についてのお問い合わせ先
編集：03-5395-3469
販売：03-5395-3606
業務：03-5395-3615

定価はカバーに表示してあります。
本書のコピー、スキャン、デジタル化等の無断複製は
著作権法上での例外を除き禁じられています。
本書を代行業者等の第三者に依頼してスキャンやデジタル化することは、
たとえ個人や家庭内の利用でも著作権法違反です。
落丁本・乱丁本は購入書店名を明記のうえ、小社業務宛にお送りください。
送料小社負担にてお取り替えいたします。
なお、この本の内容に関するお問い合わせは、編集宛にお願いいたします。

©KUBOMAKE
©KODANSHA 2016 Printed in Japan
ISBN978-4-06-220094-3